어린이 삼국유사 편찬위원회 글 | 한창수 그림
한국역사연구회 추천 및 감수

주니어김영사

머리말

《어린이 삼국유사》를 읽는 어린이들에게

자랑스러운 민족 문화를 깨닫는 첫걸음

 우리가 조상들의 삶을 알 수 있는 것은 우리에게 남아 있는 유물과 유적을 보고서 가능하지요. 그 중에서도 글로 남아 있는 책은 정말 소중한 역사 유물입니다.

우리나라 역사에 관심을 갖게 되면, 조상들이 훌륭한 민족 문화를 지켜 온 것에 대해 저절로 자랑스러운 마음이 생기고 뿌듯해진답니다. 만일 조상이 잘못한 점을 발견하게 되더라도, 우리는 다시 그런 잘못을 되풀이하지 않도록 조심하면 됩니다.

이러한 점에서 이번에 새롭게 엮은 《어린이 삼국유사》는 어린이들이 우리 역사에 관심을 가질 수 있도록 알기 쉽게 꾸몄어요. 《어린이 삼국유사》는 고구려, 백제, 신라 때에 일어났던 일을 중심으로 엮은 거예요.

《어린이 삼국유사》를 통해서 삼국 시대 사람들이 어떻게 살았고, 무슨 생각을 했는가를 알게 될 거예요. 그것이 바로 우리의 자랑스러운 민족 문화를 깨닫는 첫걸음입니다. 아울러 우리의 역사를 이해하면서 우리의 마음과 눈은 좀 더 넓어지고 깊어질 겁니다.

어린이 삼국유사 편찬위원회

인물의 삶으로 읽는 역사의 큰 흐름

우리는 현재를 살고 있으며, 마땅히 현재에 충실한 삶을 가꿔야 합니다. 그런데 현재는 홀로 존재하는 것이 아니라, 과거와 떼려야 뗄 수 없는 밀접한 관계입니다. 따라서 과거, 즉 역사를 알아야 비로소 현재를 온전하게 살아갈 수 있어요. 그런데 역사를 따분하고 어렵게 생각하는 어린이들이 많아서 우리나라 역사에 대해 제대로 알지 못하는 어린이들이 많아요.

이번에 주니어김영사에서 출간한 '처음 읽는 우리 역사' 시리즈는 주요 역사서를 기본 토대로 인물 중심으로 역사를 구성했어요. 인물을 중심으로 한 구성은 인물의 삶에 동화되어 역사의 흐름을 실감나게 느끼도록 해 주지요. 게다가 인물의 삶에 드러난 역사의 흐름을 조목조목 짚어 주어, 어린이들도 쉽게 역사적인 사실을 알 수 있습니다.

어린이들이 이 시리즈를 통해 역사에 더욱 가까이 다가가고, 그로 인해 모든 사람들의 노력이 결실을 맺으리라 믿습니다.

한국역사연구회

차례 어린이 삼국유사 4

다양한 삶을 산 사람들

- 삼국유사에 대하여 8

일본으로 간 연오랑과 세오녀
일본의 왕이 된 연오랑 10
일본으로 간 세오녀 14
빛을 잃은 신라의 해와 달 18

미륵보살을 만난 진자
미륵보살이 소년으로 나타나다 22
화랑이 된 미륵보살 30

귀신들과 어울려 논 비형
도화녀를 찾아온 진지왕 34
귀신들과 어울려 노는 비형 38
열 사람 몫을 하는 귀신 길달 43

선녀들의 도움을 받은 김유신
김유신 앞에 나타난 세 여인 48
고구려 첩자 백석 55

꿈을 사서 왕비가 된 **문희**
언니에게 꿈을 사다 _58
김춘추의 옷고름을 달아 주다 _64

용도 탐을 낸 아름다운 **수로 부인**
꽃을 꺾어 바친 노인 _68
바다 용에게 잡혀간 수로 부인 _72

하늘도 감동한 효자 **손순**
아이를 묻으러 가다 _78
땅 속에서 나온 돌종 _81

귀신을 감동시킨 **처용**
동해 용왕의 심술 _86
아름다운 여자와 결혼하다 _91
귀신을 용서한 처용 _94

활 잘 쏘는 **거타지**
신하를 비난하는 글 _96
억울하게 잡힌 왕거인 _98
선택받은 거타지 _103
활로 여우를 쏘다 _108

효성스러운 여인을 도운 **효종랑**
효성스러운 여인 _114
여럿이 힘을 모아 여인을 돕다 _118

하나, 《삼국유사》는 어떻게 만들어졌나요?
둘, 《삼국유사》의 구성은 어떻게 되어 있나요?
셋, 《삼국유사》는 《삼국사기》와 어떻게 다른가요?
넷, 《삼국유사》를 쓴 일연은 누구일까요?
다섯, 《삼국유사》를 통해 우리는 무엇을 알 수 있나요?

넷, 《삼국유사》를 쓴 일연은 누구일까요?

일연은 1206년에 경상도 경산에서 태어났어요. 성은 김이고 이름은 견명으로, 아버지를 일찍 여의고 어머니 밑에서 자랐어요.

일연은 9세 때 무량사에서 학문을 닦기 시작하여, 14세 때 강원도 양양에 있는 진전사에서 스님이 되었어요.

일연은 처음 스님이 되었을 때 이름이 회연이었어요. 언제부터 일연이라는 이름을 썼는지 정확히 알 수 없으나, 말년부터 썼을 것으로 여겨져요. 일연은 밝음과 어둠을 하나로 본다는 불교의 깊은 진리가 담긴 이름이에요.

일연은 22세 때 승과에 급제한 뒤에도 오로지 수행에만 온 힘을 쏟았어요. 그리고 44세 때 정안의 청을 받고 경상도 남해에 있는 정림사의 주지가 되어 세상에 이름을 알리게 되었어요.

일연은 몽골의 침입이 계속되는 동안에도 전란을 피하면서 수행에 온 힘을 쏟았어요. 그리고 오어사, 인홍사 등에서 부처님의 말씀을 가르쳐 많은 사람을 깨달음으로 이끌었어요.

그 뒤 1277년부터 3년 동안 일연은 충렬왕의 명령에 따라 청도에 있는 운문사에 머물렀는데, 이 때 《삼국유사》를 쓰기 시작한 것으로 보고 있어요.

1283년, 일연은 78세에 국사가 되었어요. 국사는 한 나라의 정신적인 지도자라고 할 수 있어요. 하지만 효성이 지극했던 일연은 늙은 어머니가 마음에 걸려 고향으로 돌아왔어요.

1284년에 어머니가 돌아가시자, 조정에서 마련해 준 인각사에서 불교의 교리를 전했어요. 1289년에 일연은 84세로 세상을 떠났어요.

일연이 지은 책으로는 《화록》 2권, 《게송잡저》 3권, 《중편조동오위》 2권, 《조파도》 2권, 《대장수지록》 3권, 《제승법수》 7권, 《조정사원》 30권, 《선문염송사원》 30권, 《삼국유사》 5권 등이 있어요.

일본으로 간
연오랑과 세오녀

연오랑은 세오녀가 짠 비단을 신라에서 온 사신에게 주었습니다. 사신은 비단을 받아들고 서둘러 신라로 돌아왔습니다. 신라에서는 세오녀가 짠 비단을 바치며 정성껏 제사를 지냈습니다. 그러자 해와 달이 예전처럼 빛을 되찾았습니다.

※ 일본의 왕이 된 연오랑

신라 제8대 아달라왕 때 일입니다.

동쪽 바닷가에 가난하지만 마음씨 착한 고기잡이 부부가 살았습니다. 남편은 연오랑이고, 아내는 세오녀였습니다.

어느 날 연오랑은 바닷가로 나갔습니다. 그런데 웬일인지 그 날따라 고기가 잡히지 않았습니다.

"오늘은 고기가 안 잡히는구나. 미역이나 따야지."

연오랑은 바닷가에 신을 벗어놓고 물 속으로 들어갔습니다.

연오랑이 한참 동안 미역을 따고 있는데, 갑자기 딛고 있던 물속의 바위가 위로 떠올랐습니다. 그러더니 배처럼 바다 위를 둥둥 떠내려가는 것이었습니다.

"이게 웬일이지? 바위가 움직이잖아?"

연오랑은 너무 놀라서 자기 집이 있는 바닷가를 향해 소리쳤습니다.

"세오녀!"

연오랑은 큰 소리로 아내를 불렀지만, 그 소리는 파도 소리에 묻혀 들리지 않았습니다.

연오랑을 태운 바위는 바닷물을 헤치며 앞으로 계속 나갔습니다. 연오랑은 바위에서 뛰어내리려 했지만, 워낙 빠르게 물살에 떠내려가서 그럴 수도 없었습니다.

바위는 파도를 타고 한참을 흘러가더니 낯선 땅에 닿았습니다.

바닷가에서 일하던 사람들이 연오랑에게 몰려왔습니다.

"어떻게 바위를 타고 바다를 건너올 수가 있단 말인가?"

"정말 신기한 일이군."

"확실히 보통 사람은 아니야."

연오랑을 둘러싼 사람들이 감탄을 했습니다.

"도대체 여기가 어디요?"

연오랑이 물었습니다.

"이 곳은 일본입니다. 우리나라에는 아직 백성을 다스릴 임금님이 안 계시는데, 하늘에서 이것을 알고 당신을 보내신 모양입니다."

바닷가에 몰려든 사람들 가운데 한 노인이 나와서 공손히 허리를 굽히며 말했습니다.

"맞아요. 하늘에서 임금님을 보내 주신 것입니다."

"부디 우리의 임금님이 되어 주세요."

사람들은 연오랑에게 간절히 말했습니다.

연오랑은 그 말을 듣고 생각에 잠겼습니다.

'그렇다. 하늘이 시킨 일이 아니면, 내가 어떻게 바위를 타고 이 먼 곳까지 올 수가 있겠는가? 확실히 하늘이 나를 이 나라의 왕이 되게 하신 것이다.'

연오랑은 하늘의 뜻을 거역할 수가 없다고 생각했습니다. 연오랑은 일본의 왕이 되었습니다.

일본으로 간 세오녀

한편, 세오녀는 고기잡이 나간 남편이 돌아오지 않자 뜬눈으로 밤을 새웠습니다.

"혹시 무슨 일이 생긴 건 아닐까?"

이튿날 새벽, 세오녀는 바닷가로 나가 남편을 찾았습니다. 하지만 아무리 찾아도 남편의 모습은 보이지 않았습니다.

세오녀는 한동안 바닷가를 헤매다 남편이 벗어 놓은 신발을 보았습니다.

"연오랑님, 이게 도대체 어찌 된 일입니까?"

세오녀는 남편의 신발을 끌어안고 흐느껴 울기 시작했습니다. 남편이 바다에 빠져 죽은 것이라고 생각했습니다.

바로 그 때였습니다. 세오녀가 올라서 있던 바위가 움직이더니 바다 위를 둥실둥실 떠내려가기 시작했습니다.

'나도 연오랑님을 따라 저 세상으로 가려나…….'

세오녀는 겁에 질린 채 바위를 꼭 붙잡았습니다.

얼마 뒤, 세오녀도 바위를 타고 흘러가 일본의 바닷가에 다다랐습니다.

"이번에는 웬 여인이 바위를 타고 우리 땅에 오셨네. 정말 이상한 일이로군."

"이번에 오신 여인은 틀림없이 하늘이 보내 주신 왕비님일 거야."

사람들은 세오녀를 대궐로 데려갔습니다.

"임금님, 이상한 일이 생겼습니다."

"이상한 일이라니?"

"며칠 전 임금님께서 우리나라에 오셨을 때처럼, 오늘은 한 여인이 바위를 타고 바다를 건너 오셨습니다."

"뭐라고?"

연오랑은 깜짝 놀랐습니다.

'나처럼 바위를 타고 왔다고? 혹시 세오녀가 아닐까?'

연오랑은 신하들에게 명령을 내렸습니다.

"어서 이리로 모시도록 해라!"

신하들이 데려온 여자는 틀림없는 세오녀였습니다. 연오랑과 세오녀는 다시 만났습니다.

세오녀는 왕비의 자리에 올랐습니다.

❇ 빛을 잃은 신라의 해와 달

연오랑과 세오녀가 일본으로 간 뒤부터 신라에는 해와 달이 빛을 잃었습니다.

"이상한 일이로다. 어찌하여 갑자기 해와 달이 빛을 잃게 되었단 말인가?"

아달라왕은 걱정이 되어 일관(날씨나 별의 움직임을 살펴 개인이나 나라의 일을 점치는 관리)을 불렀습니다.

"해와 달의 기운이 지금은 일본으로 옮겨갔습니다."

일관의 말에 아달라왕이 물었습니다.

"어째서 그렇게 되었느냐?"

"동쪽 바닷가에 살던 고기잡이 부부가 일본으로 건너갔기 때문에 해와 달의 기운도 그리로 옮겨졌습니다."

"당장 그 부부를 우리나라로 다시 데려오도록 하라!"

아달라왕은 일본에 사신을 보냈습니다. 신라에서 간 사신은 연오랑을 만났습니다.

"당신들이 이 곳으로 온 뒤부터 신라에는 해와 달이 빛을 잃었소. 그러니 하루바삐 신라로 와 주시오."

사신의 말을 듣고 난 연오랑은 고개를 저었습니다.

"내가 이 곳에 온 것은 하늘의 뜻이오. 어찌 하늘의 뜻을 어기고 신라로 돌아갈 수 있겠소. 만일 내가 하늘의 뜻을 어기고 신라로 돌아간다면, 하늘이 노하여 신라에 더 이상한 일이 생길 것이오."

"그럼 이 일을 어쩌면 좋겠소?"

신라의 사신은 걱정스레 물었습니다. 그러자 연오랑이 대답했습니다.

"한 가지 방법이 있긴 하오."

"그 방법이 무엇이오?"

"내 아내 세오녀가 고국 땅을 생각하며 정성스레 짠 아름다운 비단이 있는데, 그것을 가지고 가서 하늘에 제사를 지내면 해와 달이 빛을 되찾을 것이오."

연오랑은 세오녀가 짠 비단을 신라에서 온 사신에게 주었습니다.

사신은 비단을 받아들고 서둘러 신라로 돌아왔습니다.

신라에서는 세오녀가 짠 비단을 바치며 정성껏 제사를 지냈습니다. 그러자 해와 달이 예전처럼 빛을 되찾았습니다.

"이 비단이야말로 더 없이 귀중한 나라의 보물이로다."

아달라왕은 그 비단을 대궐의 보물 창고에 잘 간직하게 했습니다. 그리고 그 창고의 이름을 '귀비고'라고 불렀습니다. 귀비고란 '고귀한 부인의 창고'라는 뜻입니다.

또한 그 비단을 바치며 하늘에 제사를 지낸 곳을 '영일현'이라고 불렀습니다. 영일현은 '해를 맞이하는 고장'이라는 뜻입니다. 영일현은 '도기야'라고도 불렀는데, 이것은 '제사를 올리던 들'이라는 뜻입니다.

미륵보살을 만난
진자

며칠 뒤, 진자가 영묘사 근처를 지날 때였습니다. 길 옆에 있는 나무 밑에서 얼굴이 고운 소년이 놀고 있었습니다. 진자는 소년을 보고 깜짝 놀랐습니다.
'바로 이분이 미륵보살님이시다.'

❊ 미륵보살이 소년으로 나타나다

신라 제24대 진흥왕은 불교를 크게 일으킨 왕입니다.

진흥왕은 곳곳에 절을 세우고, 사람들을 스님이 되도록 이끌었습니다. 그리고 훌륭한 집안에서 자란 총명한 처녀를 뽑아 책임자로 삼고 소년들을 가르치는 조직을 만들었습니다. 그 책임자를 '원화'라고 했습니다.

원화와 그 무리들은 부모에게 효도하고 나라에 충성하는 방법을 배웠습니다.

처음 원화로 뽑힌 처녀는 남모와 교정이었습니다.

그런데 교정이 남모를 시기하여 죽이는 사건이 일어났습니다. 이 일로 진흥왕은 원화를 뽑는 일을 그만두었습니다.

몇 년 뒤, 진흥왕은 훌륭한 소년들만을 뽑아 '화랑'을 만들었습니다.

세월이 흘러 진흥왕이 세상을 떠나고 그 뒤를 이어 진지왕이 왕의 자리에 올랐습니다.

그 때 흥륜사에 '진자'라는 스님이 있었습니다. 진자는 미륵보살을 가까이에서 모시는 것이 소원이었습니다.

진자는 날마다 미륵보살상 앞에 나아가 기도를 드렸습니다.

"미륵보살님, 저에게 소원이 하나 있습니다. 미륵보살님께서 화랑이 되시어 이 세상에 나와 주셨으면 합니다. 그러면 제가 항상 곁에서 미륵보살님을 잘 받들어 모시겠습니다."

진자는 하루도 빼놓지 않고 날마다 빌고 또 빌었습니다.

그러던 어느 날 밤이었습니다. 진자의 꿈에 한 스님이 나타나 말했습니다.

"미륵보살님을 만나려거든 웅천에 있는 수원사로 가 보게. 그러면 그토록 보고 싶어하는 미륵보살님을 볼 수가 있을 것이네."

꿈에서 깬 진자는 너무나 기뻤습니다.

"드디어 내 소원이 이루어지는구나."

진자는 당장 수원사로 떠났습니다. 웅천(지금의 충청남도 공주)까지는 10일이 걸렸는데, 진자는 한 걸음마다 한 번씩 손을 모으고 절을 하며 걸었습니다.

진자가 수원사에 도착하니, 문 앞에 잘생긴 소년이 나와 있었습니다.

소년은 입가에 은은한 미소를 머금고 진자를 맞았습니다.

"스님, 어서 오십시오."

소년이 깍듯이 인사를 하자, 진자도 두 손을 모으고 인사를 했습니다.

"그대와 나는 처음 보는 사이인데, 어쩌면 이리도 친절하게 나를 맞아 주는가?"

진자는 이 아름다운 소년이 누구인지 매우 궁금했습니다.

"저도 서울에서 왔습니다. 덕이 높은 스님께서 먼 곳에서 오시는 것을 보고 그저 인사를 드렸을 뿐입니다."

소년은 진자를 손님들이 묵는 방으로 안내했습니다.

절은 웅장하고 조용했습니다. 진자는 절을 한 바퀴 돌아보았습니다.

잠시 뒤, 진자가 문 밖에 나가 보니, 그 소년은 어디론가 가 버리고 없었습니다.

진자는 안으로 들어가서, 그 절에 있는 스님들에게 인사를 했습니다.

"저는 흥륜사에서 온 진자라고 합니다. 평소에 미륵보살님을 뵙는 것이 소원이었는데, 꿈에 한 스님이 나타나더니 이 곳으로 가라고 해서 왔습니다."

진자는 꿈 이야기를 털어놓았습니다.

진자의 꿈 이야기를 들은 다른 스님들은 진자의 생각이 터무니없는 것이라고 여겼습니다. 하지만 진자의 간절한 마음을 헤아려 친절히 일러 주었습니다.

"여기서 남쪽으로 가면 천산이 있소. 예로부터 그 산에는 덕이 높고 뛰어난 분들이 살고 있소. 그 산으로 한번 가 보시오. 혹시 미륵보살님을 만날지도 모르니까."

"고맙습니다."

진자는 스님들에게 인사를 하고 천산으로 갔습니다.

천산은 깊고 높아 하늘이 아주 가까워 보이는 곳이었습니다.

진자가 천산 아래에 이르렀을 때였습니다. 천산을 다스리는 신령이 노인의 모습으로 변해 진자 앞에 나타났습니다.

"이 곳에는 무슨 일로 오셨소?"

노인의 말에 진자는 공손히 대답했습니다.

"저는 흥륜사에서 온 진자입니다. 미륵보살님을 뵙고 싶어서 왔습니다."

"수원사에서 이미 미륵보살님을 만났을 터인데, 다시 여기까지 왔소?"

노인의 말에 진자는 깜짝 놀랐습니다.

"예? 제가 미륵보살님을 이미 만났다는 말씀입니까?"

"그렇소. 그 잘생긴 소년이 바로 미륵보살님이시오."

진자는 멍한 얼굴로 노인을 바라보았습니다.

잠시 뒤, 노인은 진자를 남겨 두고 어디론가 사라졌습니다.

"아! 내가 미륵보살님을 몰라뵈었구나."

진자는 안타까운 마음을 안고 흥륜사로 돌아갔습니다.

화랑이 된 미륵보살

진자가 흥륜사로 돌아온 지 한 달쯤 지났을 때였습니다.

어느 날 진지왕이 그 소문을 듣고 진자를 불렀습니다.

"스님께서는 미륵보살님을 뵈었다는데, 그게 정말이오?"

진자는 지금까지 있었던 일을 진지왕에게 모두 말했습니다. 그러자 진지왕이 진자에게 말했습니다.

"훌륭한 사람은 거짓말을 하지 않는다고 하오. 그 소년이 스스로 서울 사람이라고 했는데, 스님께서는 왜 성 안에서 그 소년을 찾아보지 않았소?"

진지왕의 말에 진자는 귀가 번쩍 뜨였습니다. 진자는 그 날부터 성 안에 있는 마을을 두루 찾아다녔습니다.

며칠 뒤, 진자가 영묘사 근처를 지날 때였습니다.

길 옆에 있는 나무 밑에서 얼굴이 고운 소년이 놀고 있었습니다.

"수원사에서 만났던 바로 그 소년이다."

진자는 소년을 보고 깜짝 놀랐습니다.

'바로 이분이 미륵보살님이시다.'

진자는 소년에게 다가가 물었습니다.

"집은 어디인가요? 성과 이름은 무엇이지요?"

소년은 빙그레 웃으며 진자를 올려다보았습니다.

"제 이름은 미시입니다. 어릴 때 부모님이 모두 돌아가셔서, 성은 알 수 없습니다."

진자는 미시를 가마에 태워 대궐로 들어갔습니다. 그리고 진지왕 앞에 나아가 미시를 보였습니다.

"이 소년이 미륵보살님이십니다."

진자의 말에 진지왕은 고개를 끄덕였습니다.

"과연 아름다운 소년이로다! 이 소년을 신라의 화랑으로 삼겠다."

진자의 얼굴에는 환한 미소가 떠올랐습니다.

"임금님, 고맙습니다."

진자는 드디어 소원을 이루었습니다.

미시는 그 날부터 화랑이 되었습니다.

미시는 얼굴만 아름다운 것이 아니라 매우 영리했습니다. 남을 이끄는 능력도 뛰어났습니다.

많은 소년들이 미시를 따르며 함께 지내려고 했습니다.

미시가 화랑이 된 지 7년째 되던 어느 날이었습니다. 미시가 연기처럼 사라져 버렸습니다.

미시를 따르던 많은 소년들이 찾아 나섰지만 헛수고였습니다. 미시는 어디에도 없었습니다.

진자의 슬픔은 그 누구보다도 컸습니다. 그러나 진자는 언제나 온화하고 아름답던 미륵보살을 생각하며 더욱 정성껏 도를 닦았습니다.

귀신들과 어울려 논
비형

그 뒤 귀신들은 비형이라는 이름만 들어도 무서워서 달아났습니다. 그 때부터 신라 사람들은 귀신을 쫓을 때면 비형의 이름을 넣은 노래를 지어서 불렀습니다.

❈ 도화녀를 찾아온 진지왕

신라 진지왕 때 일입니다.

사량부에 '도화녀'라는 여인이 살았습니다. 도화녀는 얼굴이 복숭아꽃처럼 곱고 예뻤습니다.

진지왕은 도화녀가 아름답다는 소문을 듣고 궁궐로 불렀습니다.

"과연 소문대로 아름답구나."

진지왕은 도화녀에게 궁궐에 들어와서 살라고 했습니다.

"제게는 남편이 있습니다. 남편을 두고 궁궐에 들어와 살 수는 없습니다."

도화녀는 진지왕의 명령을 단호히 거절했습니다.

"감히 임금의 명령을 거스르다니……."

진지왕이 화를 냈지만 도화녀는 물러서지 않았습니다.

"죽는 한이 있어도 두 남편을 섬기지는 않을 것입니다."

진지왕은 도화녀의 결심이 굳은 것을 알고 한 발 물러섰습니다.

"그럼, 남편이 없으면 궁궐에 들어와 나와 함께 지낼 수 있겠느냐?"

도화녀는 마지못해 대답했습니다.

"예, 그렇게 하겠습니다."

진지왕은 도화녀를 집으로 돌려보냈습니다.

얼마 뒤, 진지왕은 왕의 자리에서 쫓겨나 세상을 떠났습니다. 그리고 2년 뒤에는 도화녀의 남편도 세상을 떠났습니다.

도화녀의 남편이 죽은 지 10일쯤 지난 어느 날 밤이었습니다. 도화녀의 집에 세상을 떠난 진지왕이 나타났습니다. 살아 있을 때의 모습 그대로였습니다.

　진지왕은 도화녀에게 말했습니다.

"네가 전에 남편이 없으면 나와 함께 지낼 수 있다고 하지 않았느냐?"

"예, 그렇습니다."

도화녀는 진지왕을 자기 방으로 들였습니다.

진지왕은 7일 동안 도화녀의 집에 머물렀습니다. 진지왕이 머무르는 동안 오색구름이 지붕을 감싸고, 신비로운 향기가 방 안에 가득했습니다.

7일이 지난 뒤 진지왕은 어디론가 떠나가 버렸습니다. 그리고 다시는 도화녀를 찾아오지 않았습니다.

열 달이 지나 도화녀는 사내아이를 낳았습니다. 아이의 이름은 '비형'이라고 지었습니다.

이 소문은 온 나라 안에 퍼졌습니다.

"비형은 돌아가신 임금님의 아드님이 틀림없어."

"돌아가신 임금님이 어떻게 도화녀의 집에 오셨는지 모를 일일세."

"도화녀를 잊지 못한 임금님의 혼이 찾아오신 모양이지."

진지왕의 뒤를 이어 왕의 자리에 오른 진평왕도 이 소문을 들었습니다.

"정말 신기한 일이오. 비형을 궁궐로 데려오도록 하시오."

진평왕의 명령으로 비형은 궁궐에서 자랐습니다.

귀신들과 어울려 노는 비형

비형이 15세가 되었을 때, 진평왕은 비형에게 '집사'라는 벼슬을 주었습니다.

그런데 비형은 밤마다 궁궐에서 빠져 나갔습니다. 혼자서 어딘가에 갔다가 새벽이 되어서야 돌아오곤 했습니다.

"비형이 밤마다 어딜 가는지 잘 살펴보도록 하여라."

진평왕은 용감한 병사 50명에게 비형을 감시하도록 했습니다.

"임금님의 명령이야. 정신을 바짝 차려야 해."

"비형은 도대체 밤마다 어딜 가는 걸까?"

병사들은 궁궐 둘레에 숨어서 날이 어두워지기를 기다렸습니다.

이윽고 밤이 되었습니다.

사람들이 모두 잠들자, 비형은 궁궐을 빠져 나왔습니다. 높은 성벽도 훌쩍 뛰어넘었습니다.

비형은 궁궐 서쪽에 있는 '황천'이라는 냇가의 언덕으로 갔습니다. 걸음이 나는 듯이 빨랐습니다.

병사들은 조심스럽게 비형을 뒤쫓아가서 수풀 속에 몸을 숨겼습니다.

비형은 두리번거리며 주위를 살폈습니다. 그러고는 아무도 없는 것을 확인한 뒤, 누군가를 불렀습니다.

"모두들 이리 나오게. 내가 왔네."

그러자 냇물 속에서 검은 그림자가 나타났습니다. 검은 그림자는 숲에서도, 둑 밑에서도 나타났습니다. 모두 귀신들이었습니다.

"이제 왔나? 기다리고 있었네."

귀신들은 비형을 둘러싸고 반갑게 인사를 나누었습니다. 그러고는 비형과 숲 속을 뛰어다니며 재미있게 놀았습니다.

얼마 뒤, 절에서 새벽을 알리는 종 소리가 울려 왔습니다. 종 소리가 나자 귀신들은 어디론가 뿔뿔이 흩어졌습니다.
"비형, 내일 다시 만나세."
"그래. 모두들 잘 가게."

귀신들이 떠나자 비형은 하늘을 훌쩍 날아서 궁궐로 돌아왔습니다.

숲 속에 숨어서 이 모습을 지켜본 병사들은 진평왕에게 달려가 사실대로 말했습니다.

진평왕은 비형을 불렀습니다.

"네가 밤마다 귀신들과 어울려 논다는데, 그게 사실이냐?"

"예, 그렇습니다."

"귀신들이 너를 잘 따르느냐?"

"예, 맞습니다."

"그렇다면 귀신들을 시켜서 신원사 북쪽 냇물에 다리를 놓도록 하여라."

"그렇게 하겠습니다."

그 날 밤, 비형은 귀신들을 시켜서 돌다리를 놓았습니다. 하룻밤 사이에 아주 훌륭한 다리가 생겼습니다.

진평왕은 그 다리를 귀신들이 놓았다고 하여 '귀교'라고 이름지었습니다.

❂ 열 사람 몫을 하는 귀신 길달

다음 날 진평왕은 또 비형을 불렀습니다.

"귀신들이 놓은 다리는 참으로 훌륭했다. 귀신들 가운데 나의 일을 도와 줄 만한 자가 있느냐?"

"예. 길달이라는 귀신은 지혜로워서 임금님을 도울 수 있을 것입니다."

"그러면 내일 길달을 궁궐로 데려오도록 하여라."

다음 날 비형은 길달을 데리고 왔습니다.

진평왕은 길달에게도 집사 벼슬을 내려주었습니다. 길달은 무슨 일이든지 잘 해냈습니다.

"과연 지혜롭고 충성스러운 자로구나."

진평왕은 길달이 아주 마음에 들었습니다.

그런데 신하인 임종에게는 아들이 없었습니다. 진평왕은 임종에게 길달을 아들로 삼게 했습니다.

"길달은 충성스러우니 친아들처럼 생각하시오."

"예, 그렇게 하겠습니다."

임종은 아들이 된 길달에게 흥륜사 남쪽에 다락문을 짓게 했습니다.

길달은 다락문을 높이 세우고, 밤마다 그 꼭대기에 올라가 잤습니다. 그래서 사람들은 그 다락문을 '길달문'이라고 불렀습니다.

"길달은 보통 재주꾼이 아니라니까."

"혼자 열 사람 몫의 일을 거뜬히 해내니, 얼마나 장한가!"

사람들은 모두 길달을 칭찬했습니다.

그러던 어느 날 길달은 여우로 변해서 산으로 달아나 버렸습니다.

"괘씸하게 도망을 가다니……."

비형은 다른 귀신들에게 길달을 잡아오게 했습니다.

"길달이 도망을 갔으니, 어서 잡아오게."

"알았네."

귀신들이 길달을 잡아왔습니다. 그러자 비형은 화가 나서 길달을 죽여 버렸습니다.

이것을 본 다른 귀신들은 겁이 나서 모두 달아났습니다.

"비형은 무서운 사람이야. 우리 친구를 죽였어."

"우리 이제 다시는 비형을 만나지 말자."

그 뒤 귀신들은 비형이라는 이름만 들어도 무서워서 달아났습니다.

그 때부터 신라 사람들은 귀신을 쫓을 때면 비형의 이름을 넣은 노래를 지어서 불렀습니다.

임금님의 넋이 낳으신 아들
비형의 집이 바로 여길세.
날고뛰는 온갖 귀신들아,
이 곳에는 함부로 오지 마라.

또 집집마다 이 노래를 써 붙여 귀신을 쫓기도 했습니다.

선녀들의 도움을 받은
김유신

김유신은 몹시 화가 나서 백석의 목을 베었습니다. 그러고는 자기의 목숨을 구해 준 세 선녀를 위해 푸짐하게 음식을 차려 놓고 제사를 지냈습니다. 뒷날, 김유신은 훌륭한 장군이 되었습니다. 그리고 백제와 고구려를 쳐서 세 나라를 하나로 통일했습니다.

※ 김유신 앞에 나타난 세 여인

김유신은 신라 진평왕 17년(595)에 서현의 맏아들로 태어났습니다.

18세에 화랑이 된 김유신은 신라, 고구려, 백제를 통일하여 하나의 나라로 만들겠다는 계획을 세웠습니다.

세 나라를 하나로 통일하려면, 무엇보다도 힘이 있어야만 했습니다. 김유신은 말타기와 활쏘기를 열심히 익히며 꿈을 키웠습니다.

그 때 김유신이 거느린 낭도 가운데 백석이라는 사람이 있었습니다.

백석은 김유신과 늘 가까이 지내려 했습니다. 김유신도 자신을 잘 따르는 백석을 다정히 대해 주었습니다.

그러던 어느 날 백석은 김유신이 세 나라를 통일하려는 꿈을 가지고 있다는 것을 알게 되었습니다.

백석은 김유신을 찾아와 조용히 말했습니다.

"고구려나 백제와 싸워 이기려면 먼저 그 곳 사정을 잘 알아야 합니다."

김유신은 백석의 말이 옳다고 생각했습니다.

"어떻게 하면 그 사정을 잘 알 수 있겠소?"

"우선 저와 함께 고구려로 가서 자세히 살펴보고 오는 것이 어떻겠습니까?"

"좋은 생각이오."

그 날 밤, 김유신은 백석과 함께 길을 떠났습니다.

고구려를 향해 걷던 김유신과 백석이 고개 위에서 쉬고 있

을 때였습니다. 어디선가 두 여인이 나타나 말을 건넸습니다.

"여인네끼리 산길을 가기가 두려우니 함께 가도록 허락해 주십시오."

김유신은 여인들의 부탁을 들어주었습니다.

해가 질 무렵에 김유신 일행은 '골화천'이라는 곳에 이르렀습니다. 그런데 또 한 여인이 나타나 함께 가기를 부탁했습니다. 김유신은 그 여인도 함께 가도록 허락했습니다.

"오늘 밤은 여기서 쉬어 갑시다."

김유신 일행은 주막에 들었습니다. 그러나 김유신은 잠이 오지 않았습니다.

한참 동안 뒤척이던 김유신은 밖으로 나왔습니다. 달이 환히 밝았습니다. 어디서인지 풀벌레 우는 소리가 들려왔습니다.

그 때 세 여인이 김유신을 따라나왔습니다.

"잠이 오지 않나 본데, 과일을 드시며 이야기나 하시지요."

세 여인은 김유신에게 과일을 권했습니다.

김유신은 과일을 먹으며 이야기를 나누던 중, 여인들에게 속마음을 털어놓았습니다.

"고구려를 우리 땅으로 만들기 위해 그 곳 사정을 살피러 가는 길입니다."

"우리는 모두 알고 있답니다."

김유신은 깜짝 놀랐습니다. 자신이 고구려로 간다는 것을 알고 있다니, 이상한 일이었습니다.

"어떻게 그것을……."

"우리와 함께 숲 속으로 가시지요. 조용히 드릴 말씀이 있습니다."

김유신은 여인들을 따라 숲 속으로 들어갔습니다. 숲 속 나뭇가지 사이로 흐르는 달빛이 더욱 아름다웠습니다. 달빛 속에서 여인들은 갑자기 선녀로 변했습니다.

김유신은 또 한 번 깜짝 놀랐습니다. 선녀들은 다정한 목소리로 말했습니다.

"우리는 신라를 지키는 신이랍니다."

김유신은 어리둥절하여 세 선녀의 모습만 쳐다보고 있었습니다.

"지금 그대는 고구려 첩자의 꾐에 빠져서 위험한 곳으로 끌려가고 있습니다."

"그것이 정말입니까? 그렇다면 백석이 고구려의 첩자란 말입니까?"

김유신은 깜짝 놀라서 물었습니다.

"그렇습니다. 저희들은 그 사실을 알려 드리려고 나타난 것입니다. 부디 조심하셔야 됩니다."

선녀들은 말을 마치자 온데간데없이 사라졌습니다.

김유신은 마치 꿈을 꾼 것 같았습니다. 하지만 꿈은 아니었습니다.

김유신은 잠자리로 돌아왔습니다. 백석은 곤히 자고 있었습니다. 김유신도 그 옆에 누워 잠을 청했으나, 잠이 오지 않았습니다.

고구려 첩자 백석

이튿날 김유신은 백석에게 말했습니다.

"이제 생각하니, 내가 잊고 온 것이 있소."

"잊고 왔다니, 그것이 무엇입니까?"

"고구려 사정을 살피는 데 꼭 필요한 문서요. 나와 함께 되돌아가서 그걸 가지고 다시 떠납시다."

"그렇다면 할 수 없지요."

김유신과 백석은 신라로 돌아왔습니다.

신라로 돌아온 김유신은 백석을 옥에 가두었습니다.

"대체 왜 이러십니까?"

"그것은 네가 더 잘 알 것이다."

"무슨 말입니까? 저는 아무 죄가 없습니다."

"나는 네가 누구인지 잘 알고 있다. 그러니 바른 대로 말하여라."

백석은 더 이상 김유신을 속일 수 없었습니다. 백석은 자기가 고구려 첩자라는 것을 솔직하게 털어놓았습니다.

"저는 고구려에서 왔습니다. 그대가 앞으로 고구려를 해칠 큰 인물이니, 꾀어서 데리고 오라는 명령을 받고 신라로 온 것입니다."

"고구려에서는 내가 앞으로 큰 인물이 될 것을 어찌 알았단 말이냐?"

"모두 말씀드리지요."

백석은 한숨을 내쉬고 나서 이야기를 시작했습니다.

"옛날 고구려에 추남이라는 점쟁이가 있었습니다. 어느 날 국경 지역의 물이 거꾸로 흐르는 일이 생겨 추남에게 점을 치게 했습니다. 추남은 왕비의 행실이 바르지 못해 그런 일이 생겼다고 말했습니다. 왕비는 매우 화를 내며 다른 일로 시험해 보아 알아맞히지 못하면 무거운 벌을 내리라고 했습니다. 임금님이 쥐 한 마리를 넣은 상자를 보이며 무엇이 들어 있느냐고 물었더니, 추남은 쥐가 여덟 마리 들어 있다고 대답했습니다. 임금님은 추남을 엉터리 점쟁이라고 죽여 버렸지요."

"그 이야기가 나와 무슨 상관이 있단 말이냐?"

김유신이 재촉하자 백석이 이야기를 계속했습니다.

"추남은 죽으면서 신라에서 다시 태어나 고구려를 멸망시키겠다고 말했습니다. 추남이 죽은 뒤, 상자 속의 쥐는 새끼를 일곱 마리 낳았습니다. 추남이 여덟 마리라고 말한 것이 옳았지요. 그 날 밤 임금님께서 꿈을 꾸셨는데, 추남이 신라의 귀족 서현의 아내 품으로 들어가더랍니다. 추남이 신라에서 김유신으로 다시 태어난 것입니다."

"그래서 나를 죽이려 했구나."

김유신은 몹시 화가 나서 백석의 목을 베었습니다. 그러고는 자기의 목숨을 구해 준 세 선녀를 위해 푸짐하게 음식을 차려 놓고 제사를 지냈습니다.

뒷날, 김유신은 훌륭한 장군이 되었습니다. 그리고 백제와 고구려를 쳐서 세 나라를 하나로 통일했습니다.

꿈을 사서 왕비가 된
문희

어느 날 밤, 보희는 아주 이상한 꿈을 꾸었습니다. 꿈에 보희는 산에 올라가 오줌을 누었는데, 그 오줌이 흘러내려 서라벌(지금의 경상북도 경주)에 가득 찼습니다. 꿈에서 깨어난 보희는 고개를 갸웃거렸습니다.
'정말 이상한 꿈이네.'

※ 언니에게 꿈을 사다

신라의 장군 김유신에게는 누이동생이 둘 있었습니다.

언니 보희와 동생 문희는 모두 얼굴이 예쁘고 마음씨도 착했습니다. 불쌍한 사람을 보면 도와 주었고, 가난한 사람들을 업신여기지 않았습니다.

보희와 문희에 대한 이야기는 입에서 입으로 많은 사람들에게 전해졌습니다.

"보희 아가씨와 문희 아가씨는 정말 착하다오."

"암, 착하고말고. 우리나라에 그처럼 고운 아가씨들이 있다는 건 큰 자랑이지요."

사람들은 모이기만 하면 보희와 문희의 이야기로 꽃을 피웠습니다.

어느 날 밤, 보희는 아주 이상한 꿈을 꾸었습니다. 꿈에 보희는 산에 올라가 오줌을 누었는데, 그 오줌이 흘러내려 서라벌(지금의 경상북도 경주)에 가득 찼습니다.

꿈에서 깨어난 보희는 고개를 갸웃거렸습니다.

'정말 이상한 꿈이네.'

그 때 동생 문희가 보희의 방으로 들어왔습니다.

"언니, 무슨 생각을 그렇게 하고 있어요?"

문희가 생각에 잠겨 있는 보희에게 물었습니다.

"지난 밤에 이상한 꿈을 꾸었단다."

"무슨 꿈을 꾸었는데요?"

문희가 궁금한 듯 물었습니다.

"말하기가 좀 곤란하구나."

"무슨 꿈인데 그래요? 어서 말해 봐요."

문희가 재촉하자 보희는 얼굴을 붉힌 채 꿈 이야기를 털어놓았습니다.

"글쎄, 내가 산에 올라가 오줌을 누었지 뭐야."

"오줌을 누었다고요?"

"그렇단다. 그런데 오줌이 흘러내리더니……."

"그래서 어떻게 되었어요?"

"서라벌이 온통 오줌에 잠겨 버렸어. 생각할수록 정말 이상한 꿈이야."

문희는 보희의 꿈 이야기를 듣고 잠시 생각에 잠겼습니다.

"문희야, 네가 생각하기에도 정말 이상한 꿈이지. 이 꿈이 무엇을 뜻하는 걸까?"

보희는 문희를 바라보며 물었습니다. 그러자 생각에 빠져 있던 문희가 말했습니다.

"언니, 그 꿈을 나한테 팔아요."

보희는 동생의 말에 깜짝 놀랐습니다.

"꿈을 팔라고?"

"예. 내가 그 꿈을 사겠어요."

"그렇게 이상한 꿈을 뭐 하러 사겠다는 거니? 어쨌든, 좋아! 꿈값으로 무얼 주겠니?"

"비단 치마를 드릴게요."

"그래. 당장 팔게."

문희는 비단 치마를 주고 언니의 꿈을 샀습니다.

❈ 김춘추의 옷고름을 달아 주다

문희가 보희에게 꿈을 산 뒤 열흘이 지났습니다. 그 날은 마침 정월 대보름이었습니다.

김유신은 김춘추와 함께 집 앞에서 공차기를 했습니다. 공차기가 한창일 때, 김유신은 일부러 김춘추의 옷고름을 슬쩍 밟아 떼어 버렸습니다.

"아차! 놀이에 정신이 팔려 내가 큰 실수를 했소. 우리 집으로 가서 떨어진 옷고름을 달아야 하겠소."

김유신은 김춘추를 데리고 자기 집으로 들어갔습니다.

"그럼, 신세를 좀 지겠소."

김춘추는 김유신을 따라 집으로 들어가며 말했습니다.

김춘추는 왕족일 뿐만 아니라 용감하고 슬기로운 사람이었습니다. 이러한 사실을 잘 알고 있는 김유신은 김춘추가 보희나 문희 중 어느 하나와 가깝게 사귀기를 은근히 바라고 있었습니다. 김유신이 김춘추의 옷고름을 밟아 뗀 것도 바로 이런 이유에서였습니다.

김유신은 집으로 들어서자, 김춘추를 자기 방으로 안내했습니다.

"여기서 잠깐만 기다리시오. 옷고름을 꿰맬 사람을 불러 오겠소."

김유신은 보희의 방으로 가서 말했습니다.

"보희야, 오늘 내가 큰 실수를 했단다. 공차기에 정신이 팔려 그만 춘추님의 옷고름을 밟았지 뭐니. 그러니 네가 춘추님의 옷고름을 달아 드리도록 해라."

김유신의 말에 보희는 얼굴을 붉히며 한 마디로 잘라 말했습니다.

"오라버니, 그럴 수는 없습니다. 춘추님이 아무리 오라버니와 가까운 사이라고 하지만, 어찌 낯선 남자의 옷고름을 꿰맬 수 있겠습니까?"

"정말 안 되겠느냐?"

"예, 오라버니."

김유신은 하는 수 없이 문희의 방으로 갔습니다. 마침 문희는 글을 읽다가, 김유신이 온 것을 알고 얼른 일어나 문을 열었습니다.

"오라버니, 어서 들어오세요."

문희는 김유신에게 자리를 내주며 반겼습니다. 김유신은 문희에게 김춘추의 옷고름을 꿰매 달라고 부탁했습니다.

그러자 문희는 보희와는 달리 고개를 끄덕였습니다.

"알겠어요, 오라버니. 옷고름을 달아 드릴게요."

문희는 김춘추의 옷고름을 정성스레 달아 주었습니다.

이런 일이 있은 뒤부터 김춘추는 문희를 사랑하게 되었습니다. 그리고 문희는 마침내 김춘추의 아내가 되었습니다.

뒷날 김춘추가 왕의 자리에 오르자, 문희는 왕비가 되어 백성들의 사랑을 한 몸에 받았습니다.

용도 탐을 낸 아름다운
수로 부인

강릉으로 가던 순정공과 수로 부인이 '임해정'이라는 정자에서 점심을 먹으려던 참이었습니다. 어디선가 갑자기 바다 용이 나타났습니다. 바다 용은 수로 부인이 아름답다는 소문을 듣고 잡아가려고 벼르고 있었습니다.

❋ 꽃을 꺾어 바친 노인

신라 성덕왕 때였습니다.

순정공이 강릉 태수가 되어 아내와 함께 강릉으로 가는 길이었습니다. 순정공의 아내인 수로 부인은 나라 안에서 가장 아름다운 여인으로 이름이 높았습니다.

한낮이 되어 순정공과 수로 부인은 바닷가에서 점심을 먹게 되었습니다. 그 곳은 깎아지른 듯한 바위가 마치 병풍처럼 둘러쳐져 있었습니다.

"경치가 정말 좋군요."

수로 부인은 주위를 둘러보다가 높이 솟은 바위 위에 분홍빛 철쭉이 활짝 피어 있는 것을 보았습니다.

"저렇게 높은 곳에 꽃이 피어 있네. 참 곱기도 하여라."

수로 부인은 넋을 잃고 철쭉을 바라보았습니다.

그 꽃이 무척 마음에 든 수로 부인은 주위 사람들을 둘러보며 말했습니다.

"누가 내게 저 꽃을 꺾어 주겠소?"

아무도 나서는 사람이 없었습니다. 높은 낭떠러지 위에 꽃이 피어 있는데다 낭떠러지 아래는 푸른 바닷물이 출렁이고 있었기 때문입니다.

"저 곳에 오를 수 있는 사람은 없습니다."

"너무 위험합니다."

하인들이 서로 눈치를 보며 말했습니다.

"꽃을 꺾어다 줄 사람이 아무도 없단 말인가?"

수로 부인은 몹시 실망했습니다.

그 때 암소를 몰고 가던 노인이 걸음을 멈추고 수로 부인에게 물었습니다.

"저를 거절하지 않으신다면 제가 꽃을 꺾어 바치겠습니다."

노인의 말에 사람들은 모두 깜짝 놀랐습니다. 젊은 사람도 엄두를 내지 못한 일을 노인이 하겠다고 나서니 놀랄 수밖에 없었습니다.

"저렇게 높은 곳을 어떻게 올라가시겠다는 겁니까?"

"너무 위험합니다."

사람들이 말렸지만, 노인은 암소를 나무에 묶어 놓고 바위를 타고 오르기 시작했습니다. 사람들은 모두 가슴을 죄었습니다.

하지만 노인은 보기만 해도 어지러운 높은 곳을 잘도 올라갔습니다. 그리고 마침내 철쭉을 꺾었습니다.

수로 부인의 얼굴에 미소가 떠올랐습니다.

노인은 꽃을 들고 내려와 수로 부인에게 바치며 노래를 불렀습니다.

자줏빛 바윗가에

암소를 놓아 두고

나를 아니 부끄러워하신다면

꽃을 꺾어 바치리다.

노인은 노래를 마치자 다시 암소를 몰고 떠났습니다.

"저 노인은 누구일까?"

수로 부인은 고개를 갸웃거렸습니다. 하지만 그 노인이 누구인지는 아무도 몰랐습니다.

❈ 바다 용에게 잡혀간 수로 부인

이틀이 지난 뒤였습니다.

순정공과 수로 부인이 '임해정'이라는 정자에서 점심을 먹으려던 참이었습니다. 어디선가 갑자기 바다 용이 나타났습니다.

바다 용은 수로 부인이 아름답다는 소문을 듣고 잡아가려고 벼르고 있었습니다.

"휘익!"

바다 용은 수로 부인을 낚아채 바닷속으로 사라졌습니다. 눈 깜짝할 사이에 일어난 일이었습니다.

"저, 저런 놈이 있나?"

순정공이 당황하여 외쳤습니다.

"어유, 이를 어쩌나. 이 일을 어째."

하인들도 어쩔 줄을 몰라 했습니다. 사람들은 바다를 바라보며 발만 동동 굴렀습니다.

그 때 길을 가던 한 노인이 걸음을 멈추고 물었습니다.

"무슨 일이오?"

"바다 용이 수로 부인을 잡아갔습니다."

사람들이 힘없이 대답했습니다. 그러자 노인이 한 가지 방법을 알려 주었습니다.

"옛말에 여러 사람의 말은 쇠같이 단단한 것도 녹인다고 했소. 그러니 바다의 용인들 여러 사람의 입을 무서워하지 않을 리 있겠소? 어서 마을 사람들을 불러다가 노래를 지어 부르면서 막대기로 언덕을 두드리시오. 그러면 부인을 도로 찾을 수 있을 것이오."

말을 마치자, 노인은 가 버렸습니다.

"무엇들 하느냐? 어서 사람들을 불러 오너라."

순정공이 하인들에게 명령했습니다.

"예, 알겠습니다."

하인들은 마을로 가서 사람들을 불러 모았습니다. 마을 사람들은 모두 막대기를 들고 뛰어나왔습니다.

사람들은 막대기로 바닷가 언덕을 두드리면서 한꺼번에 노

래를 불렀습니다. 노래는 바다 깊은 곳까지 퍼져 갔습니다.

거북아, 거북아!
수로 부인을 내놓아라.
남의 부인을 빼앗은 죄 그 얼마나 클까?
너 만약 거슬러 내놓지 않으면
그물로 잡아서 구워 먹겠다.

사람들은 막대기로 언덕을 두드리며 쉬지 않고 노래를 불렀습니다.

바다 용은 시끄러워 견딜 수가 없었습니다. 여러 사람이 입을 모아 부르는 노랫소리 때문에 용궁이 흔들리는 듯했습니다. 그러나 무엇보다도 사람들이 자신을 나쁘게 생각할까 봐 두려웠습니다.

"할 수 없군. 수로 부인을 돌려 줘야지."

바다 용은 수로 부인을 받들고 나와, 순정공에게 바치고 바닷속으로 돌아갔습니다.

"바닷속 세상은 어떠했소?"

순정공이 수로 부인에게 물었습니다.

"용궁은 일곱 가지 보물로 꾸며져 있었어요. 음식은 달고 향기로웠는데, 인간 세상의 음식은 아니었어요."

수로 부인이 대답했습니다.

"그런데 부인의 옷에서도 향기가 풍기는구려."

순정공이 수로 부인을 바라보며 말했습니다.

수로 부인의 옷에서도 땅에서는 맡아 볼 수 없는 신비로운 향기가 풍겨 났습니다.

하늘도 감동한 효자
손순

손순과 아내는 산 속 깊이 들어가 땅을 파기 시작했습니다. 손순이 땅을 한참 파내려갔을 때, 괭이 끝에 무엇인가 부딪치는 소리가 들렸습니다. 손순이 흙을 파헤쳐 보니 돌로 만든 커다란 종이 나왔습니다.

※ 아이를 묻으러 가다

신라 제42대 흥덕왕 때 일입니다.

서라벌 모량리에 손순이라는 사람이 살고 있었습니다. 손순은 아버지가 세상을 떠나자 아내와 함께 남의 집에서 품삯을 받고 일을 해 늙은 어머니를 정성껏 모셨습니다.

손순에게는 어린 아들이 있었습니다. 그런데 그 어린 아들은 철이 없어 항상 늙은 어머니의 밥을 빼앗아 먹곤 했습니다.

손순은 보다못해 아내와 상의했습니다.

"아이가 어머니께서 드실 음식을 늘 빼앗아 먹으니 큰일이오. 저러다 어머니께서 병이라도 나실까 걱정이오."

"여러 차례 타이르기도 하고 때리기도 해 보았지만 아무 소용이 없으니……."

손순의 아내는 한숨을 쉬었습니다.

손순은 아내의 얼굴을 한참 동안 들여다보다가 괴로운 듯이 입을 열었습니다.

"아이는 나중에 또다시 낳을 수가 있지만, 어머니는 돌아가시면 영영 뵐 수가 없지 않소. 그러니 어머니께서 굶주림이 심하여 병이 나시기 전에 아이를……."

손순은 말을 끝맺지 못하고 고개를 숙였습니다.

"……."

손순의 아내는 눈물만 흘렸습니다.

이튿날 손순과 아내는 아이를 데리고 취산 북쪽 기슭으로 갔습니다. 취산은 모량리 서북쪽에 있는 조그만 산입니다.

손순은 어깨에 삽과 괭이를 메고 앞서 걸었습니다. 아내의 등에는 어린 아들이 업혀 있었습니다. 두 사람은 아이를 땅에 묻으러 가는 길이었습니다.

❈ 땅 속에서 나온 돌종

손순과 아내는 산 속 깊이 들어가 땅을 파기 시작했습니다.

손순이 땅을 한참 파내려갔을 때, 괭이 끝에 무엇인가 부딪치는 소리가 들렸습니다. 손순이 흙을 파헤쳐 보니 돌로 만든 커다란 종이 나왔습니다.

손순 부부는 이상하게 여겨 종을 나무에 매달아 놓고 두드려 보았습니다. 종 소리가 은은하게 울렸습니다. 참으로 듣기 좋은 소리였습니다.

손순의 아내가 조심스럽게 말했습니다.

"이 돌종은 아이에게 복을 가져다 줄지도 몰라요. 그러니 제발 아이를 묻을 생각은 하지 맙시다."

"나도 당신과 같은 생각이오."

손순도 어머니를 위해 어쩔 수 없이 아이를 묻을 생각이었으나, 마음을 바꾸었습니다.

손순 부부는 돌종을 메고 아이와 함께 산을 내려왔습니다.

집으로 돌아온 손순은 돌종을 깨끗이 씻어 들보에 매달고 힘껏 쳐 보았습니다.

"댕······."

종 소리는 대궐까지 울려 퍼졌습니다. 흥덕왕이 종 소리를 듣고 신하에게 물었습니다.

"종 소리가 어디서 들려오는 것이냐? 이토록 맑고 은은한 종 소리는 처음 듣는구나."

"정확히는 모르겠으나 틀림없이 서쪽 마을 어디에선가 들려오는 듯합니다."

"보통 종이 아닌 듯하니, 어서 가서 이 종 소리가 어디서 나는지 알아보도록 하여라."

종 소리가 나는 곳을 찾아 나섰던 신하들이 돌아와서, 손순이 돌종을 얻게 된 사연을 자세히 말했습니다. 그 이야기를 들은 흥덕왕은 얼굴에 기쁜 빛을 띠며 입을 열었습니다.

"옛날 중국 한나라에 곽거라는 효자가 살았소. 그 사람도 손순과 마찬가지로 가난했지. 그런데 곽거의 어머니는 음식을 손자 입에만 넣어 주고 자기는 늘 굶는 것이었소. 생각다 못한 곽거는 어머니가 굶주리지 않도록 하기 위해 아들을 파묻으려고 땅을 팠소. 그랬더니 땅 속에서 황금솥이 하나 나왔소.

그 솥 위에는 '하늘이 곽거에게 준다.'라고 쓰여 있었다는 거요. 손순도 곽거처럼 그 지극한 효성을 하늘이 보살펴 주신 거요. 그러니 어찌 경사스러운 일이 아니겠소."

흥덕왕은 손순의 효도를 칭찬하며 집을 한 채 내려주었습니다. 그리고 해마다 벼 50섬을 상으로 내렸습니다.

손순은 새 집으로 이사한 뒤, 옛 집은 절로 삼아 '홍효사'라고 이름을 붙였습니다. 그리고 그 절에 돌종을 매달아 놓았습니다.

뒷날 진성 여왕 때에 후백제 군사들이 쳐들어와서 종을 가져가 버려 절만 남게 되었습니다.

귀신을 감동시킨
처용

뜰에는 달빛이 가득했습니다. 처용은 달빛 속에서 노래를 부르며 춤을 추었습니다. 방에서 잠자던 귀신이 처용의 노랫소리를 들었습니다.
'내가 큰 잘못을 저질렀는데도 화를 내지 않다니…….'
귀신은 처용의 너그러운 마음에 감탄했습니다.

❈ 동해 용왕의 심술

신라 제49대 헌강왕 때에는 해마다 풍년이 들어 나라가 평화로웠습니다. 거리에는 초가집이 한 채도 없었고, 집집마다 노랫소리가 흘러나왔습니다.

어느 날 헌강왕은 신하들을 데리고 개운포(지금의 울산)로 놀이를 갔습니다.

서라벌에서 개운포에 이르는 길가에는 백성들이 몰려나와 헌강왕을 환영했습니다.

헌강왕은 백성들의 모습을 보며 흐뭇한 미소를 지었습니다.

"백성들이 저렇게 즐거워하니, 내 마음도 참으로 기쁘오."

신하들도 기쁜 마음으로 헌강왕에게 말했습니다.

"모두가 임금님의 큰 덕을 노래하고 있습니다."

헌강왕과 신하들은 개운포에 도착했습니다.

개운포는 경치가 매우 좋았습니다. 짙푸른 바다에는 부드러운 바람이 불어와 잔잔한 물결을 일으켰습니다.

바닷가에는 술자리가 마련되고 여러 가지 맛있는 음식이 차려졌습니다.

헌강왕과 신하들은 아름다운 경치에 취해 기분 좋은 시간을 보냈습니다.

한참 동안 시간이 흐른 뒤, 한 신하가 말했습니다.

"임금님, 너무 늦었습니다. 더 늦기 전에 그만 궁궐로 돌아가시지요."

헌강왕은 신하들을 둘러보며 말했습니다.

"오늘은 참으로 즐거웠소. 돌아갈 채비를 하시오."

헌강왕 일행이 궁궐로 돌아오려 할 때였습니다. 갑자기 바다 쪽에서 안개가 일었습니다.

안개는 헌강왕 일행을 에워쌌습니다. 하늘에는 짙은 구름이 해를 가렸습니다. 순식간에 주위가 밤처럼 어두워져 앞길을 분간할 수 없었습니다.

헌강왕과 신하들은 모두 당황하여 허둥거렸습니다.

"여태껏 날씨가 좋았는데, 이게 어찌 된 일이오? 어서 일관을 불러 오시오."

헌강왕의 명령에 일관이 서둘러 달려왔습니다.

"날씨가 갑자기 왜 이런 것이냐?"

헌강왕은 걱정스러운 표정으로 물었습니다.

일관은 잠시 생각하더니 조심스럽게 말했습니다.

"아마도 동해 용왕이 심술을 부리는 듯합니다."

"그럼 어떻게 해야 되겠느냐?"

"임금님께서 동해 용왕을 달래 주시면, 날씨가 곧 맑아질 것입니다."

"어떻게 하면 용왕을 달랠 수 있겠느냐?"

헌강왕이 일관에게 물었습니다.

"임금님께서 동해 용왕을 위해 좋은 일을 베풀겠다고 약속을 하시면 될 것입니다."

"알겠다. 동해 용왕을 위해 이 곳에 절을 짓도록 하겠다."

헌강왕이 말을 마치자마자, 금방 안개가 사라지고 구름도 걷혔습니다. 그러더니 동해 용왕이 일곱 아들을 데리고 헌강왕 앞에 나타났습니다.

"임금님! 저희들을 위해 절을 지어 주시겠다니, 정말 감사합니다."

동해 용왕은 헌강왕의 덕을 기리며 춤을 추었습니다. 동해 용왕의 일곱 아들도 함께 춤을 추었습니다.

헌강왕은 동해 용왕에게 말했습니다.

"그대들의 재주와 춤은 참으로 훌륭하오. 앞으로도 나를 도와 주기 바라오."

동해 용왕은 기뻐하며 대답했습니다.

"그렇게 하겠습니다. 내 일곱 아들 중에서 처용을 데리고 가십시오."

동해 용왕은 다시 바다로 돌아갔습니다.

❀ 아름다운 여자와 결혼하다

헌강왕은 처용을 데리고 궁궐로 돌아왔습니다. 그러고는 처용에게 급간이라는 벼슬을 내려 나랏일을 돕게 했습니다. 또 처용의 마음을 붙잡아 두기 위해 아름다운 여자와 결혼시켰습니다.

처용은 궁궐 가까이에서 아내와 정답게 살았습니다.

처용의 아내는 정말 아름다웠습니다.

그런데 나쁜 귀신이 처용의 아름다운 아내를 사랑하게 되었습니다.

"정말 아름다운 여인이로군."

귀신은 처용의 집 주위를 맴돌며 처용이 집을 비울 때를 기다렸습니다.

어느 달 밝은 밤이었습니다.

"처용이 아직 돌아오지 않았군."

귀신은 처용이 집에 없는 것을 확인하고, 사람의 모습을 한 채 처용의 집을 찾아갔습니다.

귀신이 살며시 방으로 들어가니, 처용의 아내가 혼자 자고 있었습니다. 귀신은 처용의 아내 곁에 나란히 누웠습니다.

그 때 처용이 돌아왔습니다. 방으로 들어선 처용은 아내 옆에 귀신이 누워 있는 것을 보았습니다.

처용은 말없이 방문을 닫고 돌아섰습니다.

귀신을 용서한 처용

뜰에는 달빛이 가득했습니다. 처용은 달빛 속에서 노래를 부르며 춤을 추었습니다.

> 서울(서라벌) 밝은 달 아래 밤늦도록 놀다가
> 집에 와 자리 보니 다리가 넷이구나.
> 둘은 아내 다리인데 둘은 누구 것인가.
> 본디 내 아내지만 뺏으려 하니 어쩌랴.

방에서 잠자던 귀신이 처용의 노랫소리를 들었습니다.
'내가 큰 잘못을 저질렀는데도 화를 내지 않다니…….'
귀신은 처용의 너그러운 마음에 감탄했습니다.
귀신은 방에서 나와 처용 앞에 무릎을 꿇었습니다.
"처용님, 용서하십시오. 제가 그만 부인의 아름다움에 정신이 팔려 큰 잘못을 저질렀습니다. 앞으로는 절대로 나쁜 마음을 품지 않겠습니다."

처용은 귀신을 용서해 주었습니다.

"앞으로는 처용님의 모습을 그린 그림만 보아도 그 집에는 절대로 들어가지 않겠습니다."

귀신은 처용에게 맹세하고 달아났습니다. 그러고는 다시는 나타나지 않았습니다.

그 때부터 사람들은 귀신을 쫓을 때 처용의 얼굴을 그려서 붙였습니다. 귀신들이 처용의 얼굴을 그린 그림만 보아도 도망을 쳤기 때문입니다.

헌강왕은 처용을 위해 영취산 동쪽에 큰 절을 세웠습니다. 그 절이 '망해사'입니다.

활 잘 쏘는
거타지

신라로 무사히 돌아온 거타지는 품속에서 꽃을 꺼내었습니다.
그러자 꽃은 어여쁜 아가씨로 변했습니다.
거타지는 그 아가씨를 아내로 맞아 오래오래 행복하게 살았습니다.

※ 신하를 비난하는 글

신라 제51대 진성 여왕은 신라의 마지막 여왕이었습니다.

진성 여왕은 왕의 자리에 오른 지 얼마 안 되어 자기의 유모와 그 남편 위홍 등 가까운 사람들에게 높은 벼슬자리를 나누어 주었습니다.

진성 여왕으로부터 높은 벼슬을 나누어 받은 사람들은 나랏일을 잘 할 생각은 하지 않고, 높은 벼슬을 이용하여 자기들의 욕심만 채웠습니다.

그 때문에 나라가 차츰 어지러워지기 시작했습니다.

곳곳에서 도둑이 벌 떼처럼 일어나고 백성들의 한숨 소리가 끊이지 않았습니다.

어느 날 아침, 이상한 글이 적힌 종이가 길에서 발견되었습니다.

그 종이에는 나라를 잘못 다스리는 사람들을 원망하는 글이 쓰여 있었습니다. 누군가 몰래 써서 밤에 길에다 뿌려 놓은 것이 분명했습니다.

"도대체 누가 이런 글을 썼단 말이냐?"

"이 글을 쓴 자를 당장 잡아 들여라."

진성 여왕만 믿고 권력을 휘두르는 신하들은 그 글을 읽고도 자기들의 잘못을 뉘우칠 줄 몰랐습니다. 오히려 그런 글을 써서 길에 뿌린 사람을 잡으려고 애를 썼습니다.

"이 글을 쓴 자를 아직도 잡지 못했으니, 큰일입니다."

"그자를 빨리 잡아서 엄하게 다스려야 다시는 이런 일이 없을 것입니다."

글을 쓴 사람이 잡히지 않자, 권력을 잡은 신하들은 안절부절못했습니다.

억울하게 잡힌 왕거인

마침내 그 신하들은 아무 잘못도 없는 사람을 잡아다 옥에 가두고 거짓말을 했습니다.

"그 못된 글을 지은 사람을 알아 냈습니다. 그자는 바로 왕거인입니다."

그 신하들은 왕거인이 죄인인 것처럼 꾸며, 진성 여왕에게 알렸습니다.

"그자를 당장 잡아다가 혼을 내 주어라!"

진성 여왕이 명령을 내렸습니다.

아무 잘못도 없는 왕거인은 죄를 뒤집어쓰고 꼼짝없이 옥에 갇히게 되었습니다.

"그 글은 제가 쓴 것이 아닙니다. 저는 정말 억울합니다."

왕거인이 거듭 말했지만, 진성 여왕은 믿지 않았습니다.

평소에 왕거인은 글재주가 뛰어나고, 마음이 어질었습니다.

하지만 성격이 대나무처럼 곧아서 옳지 못한 일을 보면 그냥 있지 못했습니다. 바른말이라면 어떤 사람의 앞에서도 당당하게 했습니다.

진성 여왕의 힘을 믿고 권력을 휘두르는 신하들이 이런 왕거인을 좋게 볼 리가 없었습니다.

"이번 기회에 왕거인을 없애 버립시다."

"맞습니다. 왕거인에게 죄를 뒤집어씌우면 아무도 모를 것입니다."

왕거인을 없앨 기회를 노리던 신하들은 왕거인에게 누명을 씌웠습니다.

옥에 갇힌 왕거인은 너무나 억울하여 글을 써서 하늘에 띄웠습니다.

옛날에도 억울하게

죽은 사람의

슬픈 울음은

해를 뚫었다 하오며,

억울한 누명을 쓰고

옥에 갇힌 사람의 슬픔은

한여름에도 서리를 내리게 했다 하옵니다.

지금 제가 그런 억울함을 당하고 있사온데,

어찌 하느님께서는 보고만 계시나이까.

왕거인이 이런 글을 써서 자신의 억울함을 하늘에 알리자, 갑자기 온 세상이 어두워지더니 요란스레 천둥이 쳤습니다. 그러고는 한 줄기 벼락이 하늘에서 내려왔습니다.

그 벼락은 왕거인이 갇혀 있는 감옥 위로 떨어졌습니다.

"앗!"

벼락으로 옥이 부서졌으나 왕거인은 조금도 상처를 입지 않았습니다.

'하느님께서 나를 구하시는구나.'

왕거인은 아무 탈 없이 옥을 빠져 나올 수가 있었습니다.

❊ 선택받은 거타지

이런 일이 있은 지 얼마 지나지 않았을 때였습니다.

진성 여왕의 막내아들인 양패는 '아찬'이라는 높은 벼슬에 있었습니다.

마침 당나라에 사신을 보낼 일이 생겼는데, 진성 여왕은 양패에게 다녀오도록 했습니다.

진성 여왕은 활을 잘 쏘는 군사 50명을 뽑아 양패를 따라가도록 했습니다.

"나라를 잃은 백제의 백성들이 해적이 되어, 우리 사신들에게 해를 입힌다는 소문이 있다. 너희들은 왕자가 무사히 당나라에 다녀올 수 있도록 도와 주어라!"

진성 여왕은 군사들에게 명령했습니다.

양패와 신라 군사들이 탄 배는 당나라를 향해 떠났습니다.

배가 '곡도'라는 섬에 도착했을 때 바람이 심하게 불고 물결이 거칠게 일어 열흘이 되도록 배가 꼼짝할 수 없었습니다.

양패는 몹시 걱정이 되었습니다.

'하루빨리 당나라에 다녀와야 하는데, 배가 움직일 수 없으니 큰일이구나.'

양패는 궁리 끝에 사람을 시켜 점을 치게 했습니다.

"이 섬에는 신령님께서 사시는 연못이 있는데, 그 곳에 제사를 지내는 것이 좋을 듯합니다."

점쟁이가 말했습니다.

"알겠다. 당장 제사를 지낼 준비를 하여라."

양패는 점쟁이의 말대로 연못 앞에 음식을 차려 놓고 제사를 지냈습니다. 그랬더니 놀랍게도 연못 물이 하늘 높이 치솟았습니다.

그 날 밤, 양패는 꿈을 꾸었습니다.

꿈에 한 노인이 나타나 말했습니다.

"너무 걱정하실 것 없습니다. 활을 잘 쏘는 사람을 이 섬에 남겨 두십시오. 그러면 물결도 가라앉고 순한 바람이 불어 줄 것입니다. 부디 편안히 다녀오십시오."

말을 마치자 노인은 어디론가 사라졌습니다.

양패는 꿈을 깨자, 군사들을 모두 불렀습니다. 그러고는 꿈 이야기를 했습니다.

"누구를 남겨 두는 것이 좋겠는가?"

여러 사람들이 머리를 맞대고 의논을 했습니다.

그 때 한 사람이 앞으로 나오며 말했습니다.

"저에게 좋은 생각이 있습니다."

양패가 급히 물었습니다.

"무슨 생각이냐? 어서 말해 보아라."

"똑같은 나무 토막 50개를 만들어서 그 나무 토막에 각자 이름을 쓰게 합니다. 그리고 그것을 물에 띄워서, 가라앉는 나무 토막의 주인을 이 곳에 남게 하는 것입니다."

양패는 무릎을 탁 쳤습니다.

"참 좋은 생각이다."

양패는 당장 50개의 나무 토막을 만들게 했습니다. 그리고 그것을 50명의 군사들에게 나누어 주었습니다. 군사들은 저마다 나무 토막에 이름을 쓴 다음, 물 위에 띄웠습니다.

그러자 신기한 일이 일어났습니다.

다른 나무 토막들은 물 위에 그대로 떠 있는데, 한 개만 슬그머니 가라앉는 것이었습니다.

"거타지의 나무 토막이다!"

사람들은 모두 거타지를 쳐다보았습니다.

거타지가 뽑힌 것입니다.

거타지를 남겨 두고 배가 떠나자, 산더미처럼 일던 물결도 스르르 가라앉고 바람도 알맞게 불었습니다.

❈ 활로 여우를 쏘다

섬에 혼자 남은 거타지는 눈앞이 캄캄했습니다.

'이젠 꼼짝없이 이 섬에서 죽겠구나.'

거타지는 한숨을 내쉬었습니다.

그 때였습니다.

연못 한가운데에서 구름이 뭉게뭉게 일더니 한 노인이 나타났습니다.

"나는 서쪽 바다의 신령이오."

노인은 슬픈 목소리로 말을 이었습니다.

"날마다 해뜰 무렵이면 하늘에서 스님이 내려와 주문을 외우면서 이 연못을 세 바퀴 돈다오. 그러면 우리들은 모두 연못에 떠오르게 되는데, 그 때 스님이 내 자손들을 하나씩 해치운다오. 많은 자손들이 죽고, 이제는 아내와 딸 하나밖에 남지 않았소. 내일 아침이면, 그 스님이 또 이 곳에 나타날 것이오. 그러니 그대는 그 몹쓸 스님을 활로 쏘아 없애 주시오."

노인의 말을 듣고, 거타지가 대답했습니다.

"그런 것이라면 자신 있습니다. 활 쏘는 일이라면 저를 당할 사람이 없으니까요. 말씀하신 대로 그 스님을 쏘아 죽이겠습니다."

거타지가 자신 있게 대답하자, 노인은 고맙다는 말을 남기고 물 속으로 사라졌습니다.

이튿날 아침이 되자, 거타지는 숲 속에 숨어서 연못을 지켜보았습니다.

동쪽에서 해가 떠오르자 정말로 한 스님이 모습을 나타냈습니다. 그러더니 이상한 주문을 외우면서 연못을 돌기 시작했습니다.

'한 바퀴, 두 바퀴, 세 바퀴······.'

거타지는 기다렸다는 듯이 힘껏 활을 당겼습니다.

화살은 스님의 가슴을 꿰뚫었습니다.

"맞혔다!"

거타지는 기뻐하며 스님이 쓰러진 곳으로 달려갔습니다.

"아니, 이게 어찌 된 일이지?"

거타지가 가까이 가서 보니, 쓰러져 있는 것은 스님이 아니라 늙은 여우였습니다. 늙은 여우가 화살을 맞고 피를 흘리며 숨져 있었습니다.

그 때 노인이 연못에서 다시 나타났습니다.

"그대의 활 솜씨 덕분에 우린 목숨을 건졌소. 은혜에 보답하는 뜻에서 내 딸을 그대에게 드릴 터이니, 아내로 맞아 주시오."

"정말 고맙습니다. 평생 아끼며 함께 살겠습니다."

거타지는 고개를 숙이며 노인에게 말했습니다.

그러자 노인은 주문을 외워 자기 딸을 한 송이 꽃으로 변하게 했습니다. 그러고는 거타지의 품속에 넣어 주었습니다.

"자, 이제 떠나시오."

노인은 용 두 마리를 불러 거타지를 양패의 배에 데려다 주도록 했습니다.

양패 일행을 따라잡은 뒤에도 용은 돌아가지 않고 배를 안내했습니다. 용의 도움을 받은 양패 일행은 무사히 당나라에 도착했습니다.

신라 사신을 태운 배가 도착하자, 당나라 사람들은 모두 깜짝 놀랐습니다. 커다란 용 두 마리가 배를 양쪽에서 호위하고 있었기 때문입니다.

"신라 사람들은 보통 사람이 아니로구나!"

"용이 배를 끌고 온 모양이야."

"이 일을 임금님께 어서 알리세."

이 말을 전해 들은 당나라 황제는 깜짝 놀랐습니다.

"신라의 사신은 정말 보통 사람이 아니로다."

당나라 황제는 신라의 사신을 맞아 큰 잔치를 베풀었습니다. 그리고 사신들이 일을 마치고 돌아갈 때에는 선물을 배에 가득 실어 주었습니다.

신라로 무사히 돌아온 거타지는 품속에서 꽃을 꺼내었습니다. 그러자 꽃은 어여쁜 아가씨로 변했습니다.

거타지는 그 아가씨를 아내로 맞아 오래오래 행복하게 살았습니다.

효성스러운 여인을 도운
효종랑

효종랑은 그 여인을 찾아가 많은 곡식을 주었습니다. 그리고 집에 가서 부모에게도 이야기하여 옷을 지어 보냈습니다. 효종랑을 따르는 무리도 곡식을 모아 그 여인의 집으로 보냈습니다. 이 사실이 궁궐에까지 알려지자 진성 여왕도 그 여인과 어머니를 불쌍히 여겨 곡식 500섬과 집 한 채를 내려주었습니다.

❋ 효성스러운 여인

신라 진성 여왕 때 김효종이라는 화랑이 있었습니다.

어느 날 효종랑은 남산의 포석정에서 친구들과 어울려 놀고 있었습니다. 그런데 효종랑을 따르는 무리 중에 유독 두 사람만이 뒤늦게 도착했습니다.

효종랑은 두 사람에게 늦게 온 이유를 물었습니다.

"분황사 동쪽 마을을 지나는데, 나이가 스무 살쯤 되어 보이는 여인과 눈먼 어머니가 서로 껴안고 목놓아 울고 있었습니다. 그 광경을 보다가 이웃 사람들에게 그 사람들이 왜 우는지 물어 보았지요. 그러다 보니 이렇게 늦었습니다."

"우는 이유가 무엇입니까?"

효종랑은 궁금한 듯 물었습니다. 그러자 두 사람은 들은 이야기를 자세하게 전했습니다.

그 여인은 집이 몹시 가난하여, 몇 해째 음식을 구걸하여 어머니를 모셨습니다. 그런데 마침 흉년이 들어 구걸도 할 수가 없게 되었습니다. 여인은 어쩔 수 없이 곡식 30섬을 받고 남의 집 종이 되었습니다.

'내가 남의 집 종이 된 걸 알면, 어머니께서 가슴아파하실 거야.'

여인은 이 사실을 어머니에게 숨겼습니다.

"집에 곡식을 30섬이나 쌓아 두면 어머니께서 이상하게 여기실 텐데……."

여인은 주인집에 곡식을 맡겨 둔 채 날마다 조금씩 쌀을 가

져와 어머니에게 밥을 지어드렸습니다. 그리고 여인은 새벽이면 주인집에 가서 일을 하고, 날이 저물면 집으로 돌아와서 어머니와 함께 잤습니다.

며칠이 지났습니다.

어느 날 여인이 밥을 지어 드리자 어머니가 말했습니다.

"애야, 전에는 거친 음식을 먹어도 마음이 편안했단다. 그런데 요즘에는 좋은 음식만 먹는데도 마음이 편안하지 않구나."

여인은 자기가 종이 된 것을 어머니가 눈치챘을까 봐 가슴이 덜컥 내려앉았습니다.

"어머니, 음식이 입에 맞지 않으세요?"

"아니다. 하지만 요즘은 쌀밥을 먹어도 가슴을 찌르는 듯이 아프구나."

어머니는 한숨을 내쉬더니 딸에게 물었습니다.

"애야, 무슨 일이 있는 게냐?"

어머니의 물음에 여인도 더 이상 숨길 수가 없었습니다.

"어머니, 죄송합니다. 사실은 제가 곡식 30섬을 받고 종살이를 하게 되었어요. 흉년이 들어서 음식을 구걸할 데도 없고……."

여인은 눈물을 흘리며 사실대로 말했습니다.

"요즘 같은 흉년에 날마다 쌀밥을 지어 주니, 어쩐지 이상하다고 생각했다. 나 때문에 네가 그 고생을 하다니……."

어머니는 소리내어 울었습니다.

"제가 어리석었어요. 어머니를 배불리 모실 생각만 했지 마음을 기쁘게 해 드릴 생각은 못 했어요."

어머니와 딸은 서로 끌어안고 눈물을 흘렸습니다.

이야기를 다 듣고 난 효종랑은 입을 열지 못했습니다. 효종랑의 눈에서는 눈물이 흘러내렸습니다.

❈ 여럿이 힘을 모아 여인을 돕다

효종랑은 그 여인을 찾아가 많은 곡식을 주었습니다. 그리고 집에 가서 부모에게도 이야기하여 옷을 지어 보냈습니다. 효종랑을 따르는 무리도 곡식을 모아 그 여인의 집으로 보냈습니다.

이 사실이 궁궐에까지 알려지자 진성 여왕도 그 여인과 어머니를 불쌍히 여겨 곡식 500섬과 집 한 채를 내려주었습니다. 그리고 갑자기 많은 곡식과 재물이 생겼기 때문에 그것을 노리는 도둑이 있을까 염려하여 군사까지 보내어 그 집을 지키게 했습니다.

또 진성 여왕은 동네 이름을 '효도로 부모를 모시는 마을'이란 뜻으로 '효양리'라 부르도록 했습니다. 그 여인과 어머니가 전에 살던 집은 절로 삼고 '양존사'라 이름지었습니다.

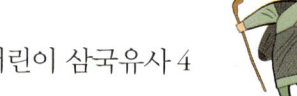

어린이 삼국유사 4

1판 1쇄 인쇄 | 2007. 3. 26.
1판 15쇄 발행 | 2024. 1. 1.

어린이 삼국유사 편찬위원회 글 | 한창수 그림
한국역사연구회 추천 및 감수

발행처 김영사 | 발행인 고세규
등록번호 제 406-2003-036호
등록일자 1979. 5. 17.
주소 경기도 파주시 문발로 197(우10881)
전화 마케팅부 031-955-3100 편집부 031-955-3113~20
팩스 031-955-3111

ⓒ 2007 김영사
이 책의 저작권은 김영사에게 있습니다.
서면에 의한 김영사의 허락 없이 내용의 일부를 인용하거나 발췌하는 것을 금합니다.

값은 표지에 있습니다.
ISBN 978-89-349-2270-4 74900

좋은 독자가 좋은 책을 만듭니다.
김영사는 독자 여러분의 의견에 항상 귀 기울이고 있습니다.
전자우편 book@gimmyoung.com | 홈페이지 www.gimmyoungjr.com

어린이제품 안전특별법에 의한 표시사항

제품명 도서 제조년월일 2024년 1월 1일 제조사명 김영사 주소 10881 경기도 파주시 문발로 197
전화번호 031-955-3100 제조국명 대한민국 ⚠️주의 책 모서리에 찍히거나 책장에 베이지 않게 조심하세요.